Av författaren tidigare utgivna böcker:

EVOLUTIONENS idéer – en kort berättelse om varför, när och hur människan (av allt att döma) tog fel väg, ISBN: 978-1502322159, sidor: 272, format: 15.24 x 22.86 cm, numen publications, Malmö, 2011-2015.

EVOLUTIONARY ideas – A short story about why, when and how humans (by all accounts) took the wrong path, ISBN: 978-1502377050, pages: 256, format: 15.24 x 22.86 cm, numen publications, Malmö, Sweden 2011-2015.

Är präststyre på väg tillbaka i Europa?
ISBN: 978-1500654894 sidor: 96, format: 14.0 x 21.5 cm, numen publications, Malmö, 2014-2015.

From Rio to Quito - A nine weeks photo odyssey in South America, ISBN: 978-1494742942 pages: 96, format: 20.32 x 25.4 cm, numen publications, Malmö, Sweden, 2014.

Locktoner och Tankens Mutation – om godhet istället för religion, ISBN: 9652229563 sidor: 108, format: 21.0 x 14.8 cm, numen books, Malmö, 1999.

GLOBALISERINGS
ÅNGEST

Essä av Richard Conricus

Numen publications, Malmö, Sverige.
www.conricus.com
Skyddad enligt Upphovsrätt SOU 2011:32.
ISBN-13: 978-1537195520
ISBN-10: 1537195522
Grafisk design, omslag, fotomontage,
översättning från engelska - Richard Conricus.
Elektroniskt publicerad i pdf format.
Tryck CreateSpace, USA, 2016.

Idéen att skriva essän GLOBALISERINGS**ÅNGEST** har jag haft sedan 2005, då jag återvände till Sverige efter 12 år i Mellanöstern. Jag upptäckte hur inflytelserika opinionsbildare och politiker i iver över att framstå som rättrogna humanister valt att bortse från avgörande kulturella skillnader mellan invandrare från utom-europeiska kulturer och svenskar. Följderna av denna inställning har inneburit onödig konfrontation, lidande, ångest och dessutom uppkomst av populistiska rörelser som spelar på människors nationalistiska känslor och ignorerar människans globala ansvar.

Populister och extremister motsätter sig att världens befolkningar knyts närmare varandra då de hävdar hierarkisk särart och målar upp en hotbild av omedelbart stundande faror med andra kulturers inflytande. Paradoxalt nog reagerar, som senare kommer framgå, populister på samma sätt som de extremister de är rädda för. Genom att misstänkliggöra "de andra" försöker de stoppa människors integrering i det globala världssamfundet, som under de senaste decennierna bundit samman folk med en mer gemensam ekonomi, kultur, politik och miljö.

Vår planet kan inte längre fortsätta att vara ett slagfält för härskaridéer: lokala konflikter och intressen hotar i allt högre grad hela världen. Extremister och populister hotar parlamentariska system och humanistiska demokratiska samhällen. Det är verkligen "Civilisationernas kamp", som Samuel P. Huntington beskrev 1996 (på svenska 2006)[1], men han missar enligt min mening huvudorsaken till civilisationernas kamp och det är oförmågan att förstå det motsatta. Det är inte enbart fråga om okunskap, utan avsaknad förmåga att identifiera sig med det motsatta. Då det råder dissonans mellan vilja och förmåga är utgången given. Viljan kan vara hur stark som helst, men om förmågan saknas är alla ansträngningar fruktlösa. Vad är det då som begränsar förmågan och istället skapar ångest inför det motsatta, "de andra" och det okända?

Svaret är enligt min mening inte enbart en kamp mellan civilisationer utan en kamp mellan det öppna och det slutna samhället. Det öppna samhället skapar en typ av civilisation och det slutna en annan.

Vem borde då vara bäst rustad att möta den oundvikliga pågående globaliseringen och hur ska medborgare kunna agera inför den ångest över det okända många känner och som extremister och populister utnyttjar? Är det vanligt folk med humanistiska, demokratiska och toleranta ideal? Eller är det människor från auktoritära samhällen med idéen om att det bara finns en sanning?

Svaret är förstås det förstnämnda. Men, hur har det då kunnat gå så snett i Sverige? Då globaliseringsfiender med bakgrund i rasistisk ideologi blir tredje största parti? När svensken annars i allmänhet är öppen, sansad, lågmäld och kritisk.

Den stora boven är enligt min mening förekomsten av en märklig politisk korrekthet, som gjort åsiktskorridoren i media och bland de etablerade partierna så snäv och beslöjad med överslätande retorik inför avgörande kulturella skillnader, att medborgare sökt andra vägar för att visa sina missnöjen. Detta i kontrast med att Sveriges befolkning historiskt sett framgångsrikt anammat kontinentala Europas olika kulturer och det svenska samhället har gynnats av invandrare från Europa, som tillfört avsevärd kunskap och avgörande bidraget till Sveriges nuvarande framstående position i världssamfundet. En stor majoritet av nu levande svenskar har dessutom icke-svenska anfäder (ursvenskar fanns efter andra världskrigets slut egentligen enbart i väl isolerade områden typ på Gotland).

Men i möten med utom-europeiska kulturer har samma framgångsrika koncept visat sig inte fungera.

Varför?

Här hävdar jag att populister och extremister, vare sig höger eller vänster, elit eller folkliga rider på människors rädsla, okunskap, ovilja och oförmåga att förstå det motsatta. 250 års samhällsutveckling från upplysningen mot humanism och demokrati i väst har gjort oss handfallna i att kunna hantera kulturer som inte delar vår världsbild och våra vardagskoder.

Filosofiska giganter som Hegel. Hume, Kant, Kierkegaard, Montesquieu, Nietzsche, Oken, Rousseau, Schopenhauer och Voltaire har inga eller få motsvarigheter i andra kulturer. Den väsentliga skillnaden mellan dem och de stora filosoferna inom judendom och islam (till exempel, Spinoza, Maimonides och Buber inom judendom, El-Faradi, Ibn Sina och Ibn Rushd bland islam) är om deras tänkande byggde på förnuft eller på bergfast tro?

Franske filosofen Bernard-Henri Lévy[2] listade för en tid sedan muslimska upplysningsfilosofer och fann afghanske ledaren Massoud (1953-2001), bosniske presidenten Izetbegovic (1925-2003), Bangladeshs Mujibur

Rahman (1920-1975), kurdiska nationalister och sulta-
nen av Marocko (1909-1961) som representanter för
upplysningens islam, men att jämföra dessa politiker
och krigsherrar med upplysningens personligheter är
enligt min mening att förringa filosofins giganter.

I själva verket är det till stor del de stora filosofernas
arbete som försatt väst i otakt med en stor del av övriga
världen. Västvärldens öppenhet är i konflikt med stora
delar av världen, som styrs av motsatsen till öppenhet.

Medan judendom och kristendom sedan upplys-
ningen i huvudsak distanserat sig från gudomens
slutna diktatur har kanoniserad islam inte genomgått
denna reformprocess. Därför kan islamister känna sig
på säker islamsk grund då de agerar enligt fundamen-
tala dekret som är allt annat än välvilligt inställda till
oliktänkande.

Men det finns minst en ytterligare dimension till
problematiken om öppenhet och slutenhet inför det
motsatta. Muslimer har i politiskt syfte medvetet un-
danhållits islamska urkunder som mycket väl skulle ha
kunnat öppna islams slutenhet gentemot judendom
och dramatiskt kunnat ha ändrat förhållandet mellan
de båda semitiska folkslagen.

Islamister ignorerar nämligen koranens[3] (kärleks?)
budskap till Israels barn:

"Abrahams och Israels ättlingar; [alla hörde]
till dem som Vi har väglett och utvalt" (19:58).
"Vi har gett Israels barn skriften, visdom och
profetskap, och försåg dem med goda gåvor;vi
gav dem fler välsignelser än något annat folk"
(45:16).

Koranen ger även Israel rätt att bo i landet:

"Och därefter sa vi till Israels Barn, "Gå och bo i
detta land." (17:104).

Koranen betonar också Israels utvaldhet:

"O Israels Barn, minns Min ynnest som jag har givit er och att jag föredragit er över världarna [alla andra] (2:47).

Varför följer inte tongivande muslimer dessa dekret? Jag har ställt frågan till både sunni och shia muslimer men inte fått genomtänkta svar. Istället oftast svar som tyder på okunnighet om bibelns judiska urkund, som utgör grund för islam. Ovilja har alltså ersatt oförmåga även om förmågan att sprida denna kunskap finns om bara viljan finns.

Den slutna civilisationen, speciellt om religion och politik går hand i hand, är oemottaglig för reformer och bekämpar ursinnigt varje steg till reformering och anpassning till det globala världssamfundet. Till exempel misslyckades de moderata Mu'atazilerna (700-900-talet) att få inflytande inom Islam. Att kunna hänvisa till "han där uppe" är som världen erfarit livsfarligt (minst sagt) om religiös övertygelse tillåts ta plats i det politiska rummet och vara vägledande för samhällens utveckling.

Bibeln är enligt min mening en erfarenhetsbaserad kodbok för mänsklig existens, med specifika kriterier för inkludering – monoteism – det vill säga tron på en allsmäktig Gud (Yahweh/Allah) och som i sin grundkonstruktion därför är intolerant. Satt i händerna på bokstavstrogna innebär det direkt livsfara för oliktänkande.

Religionsfrihet innebär inte att vi förutsättningslöst måste acceptera gudomens diktatur. Oavsett om den kallas judendom, kristendom eller islam. Det borde vara oförenligt med demokratiska värderingar att religiösa diktaturanhängare får härja fritt och att monoteismen i den politiska korrekthetens namn inte får kritiseras och allra minst ifrågasättas.

Varför står religiösa ideologier över politiska ideologier, speciellt mot bakgrund av att det i många länder är samma sak? Att sakligt kritisera gudomens diktatur borde tvärtom uppfattas som att värna demokrati och demokratiska beslutsprocesser och har inget att göra med vare sig antisemitism eller islamofobi. Gudomliga dekret måste få ifrågasättas. De är ju trots allt skapade av människor för att kontrollera massorna och rätta till de "misstag" evolutionen gett upphov till.

Västliga demokratiers befolkningar är helt enkelt omedvetna om det som professorn i islamsk lag vid Qatars Universitet, Abd Al-Hamid Al-Ansari säger:

"Det sekulära västerlandet förstår inte att det kan finnas religiösa och spirituella orsaker till att människor blir självmordsbombare. De tror felaktigt att det beror på ekonomiska orsaker... I själva verket är det en ideologisk mix som planterats och tar över själen... De [extremisterna] framställer alltid oss som måltavlor, som om det finns fiender alltid beredda att anfalla oss. Denna retorik om att nationen ständigt är under attack föder hat. På detta sätt planteras hat i det lilla barnets själ, vilket leder till extremism. Vi måste släppa vår kulturella förnekelse ... och inse att vi inte förstått hur vi ska uppfostra och utbilda våra barn. Vi måste eliminera från våra läroplaner, moskéer och media, hat, extremism och benämningen otrogen (takfir), och bli som andra länder. Varför är de så duktiga och varför är det våra barn som hänger sig åt förstörelse istället för skapande?".[4]

USA's Republikanska parti´s presidentkandidat till valet 2016 Donald Trump och Sverigedemokraternas Jimmie Åkesson är exempel på hur populister utnyttjar ett glapp i folks medvetande och tack vare retorisk begåvning lyckas dupera vanligt folk. Problemet blir ännu större då "eliten" i form av tongivande opinionsbildare och politiska ledare inte vågar benämna saker vid dess rätta namn.

Det mest besynnerliga är att "eliten" inte förmår att lyfta sig ur den västerländska hegemonins humanistiska världsbild och sätta sig in i konkurrerande kulturvärldars hegemonier. "Eliten" söker sympati för de utsatta utifrån humanismens krav på förståelse, tolerans, medmänsklighet, försoning och respekt för individen istället för att skärskåda agerande som är dess motsats. Demokratisk humanism definieras:

"Humanism är en demokratisk och etisk livshållning som bekräftar att människor har rätt och ansvar att ge mening och form till sina egna liv. Humanismen står för byggande av ett mer humant samhälle genom en etik som bygger på mänskliga och andra naturvärden i en anda av förnuft och fri forskning genom mänsklig förmåga. Humanismen är inte teistisk och accepterar inte övernaturliga förklaringar av verkligheten".[5]

Dess motsats teokratisk anti-humanism - gudomlig diktatur - definieras:

"Ett regeringssystem där präster styr i guds namn eller en gud. Teokraters ambition är att skapa en global teokrati".[6]

Teokratier är i sin grundkonstruktion anti-humanistiska beroende på att gudsdekret sätts i främsta rummet och den enskilde människan äger ringa eller obefintligt egenvärde utan dyrkan av en omnipotent gud. Monoteismen är inget undantag. Förvisso finns det dekret som kan tolkas som humanistiska värden, men de är alla först och främst avhängiga blind gudsfruktan och kräver av proselyter att döda i guds namn:

"Så säger HERREN....dräpen vem I finnen, vore det också broder eller vän eller frände" (2 Mosebok 32:27).[7]

Texten beskriver därefter hur nöjd Gud är över att israeliterna mördat otrogna. Kristendomens omskrivning blir med Jesus´ ord i Matteus 10 kapitel:

"I skolen icke mena att jag har kommit för att sända frid på jorden. Jag har icke kommit för att sända frid, utan svärd. Ja, jag har kommit för att uppväcka söndring, så att 'sonen sätter sig upp mot sin fader och dottern mot sin moder och sonhustrun mot sin svärmoder, och envar får sitt eget husfolk till fiender" (34-36).

I koranens omskrivning blev det:

"Och döda dem då var ni än möter dem och fördriv dem från de platser varifrån de har fördrivit er; ja, förtryck är ett värre ont än döden" (2:191).

Koranen beskriver vidare hur gudsfruktan ska manifesteras:

Det är Han [Allah] som har sänt Sitt Sändebud med vägledningen och [för att förkunna] den sanna tron som skall föras till seger över all [annan form av] gudstro. När Allah har talat behövs inga ytterligare vittnesbörd (48:28). ... Och låt alla förnekare av sanningen veta att ett plågsamt straff [väntar dem] (9:3) Och kämpa mot dem till dess allt fitna [otrohet/misstroende] upphör och all dyrkan kan ägnas Allah. Om de då slutar [strida] skall alla fientligheter upphöra utom [mot] de orättfärdiga [som vill kämpa vidare] (2:193). O ni som tror, alliera inte er med [vissa – tillagt i den svenska översättningen] Judar och Kristna; dessa är allierade med varandra. De ibland er som allierar er med dessa, hör hemma hos dem. GUD vägleder inte de som överträder (5:51).

Att misstänkliggöra andra hör till spelets gång i religiös konfrontation med andra trosinriktningar. Hur skulle annars den egna tolkningen kunna överleva? Varje religion/ideologi måste profilera sig och framhäva sin egen förträfflighet på bekostnad av alla andras.

Dock går koranen ibland lite väl långt i profilering, vilket är en av orsakerna till att fundamentalistiska rörelser som IS inte har några som helst skrupler att döda oliktänkande (de som inte anser islams sunni version vara den enda sanna läran)

"Det är Han [Allah] som har sänt Sitt Sändebud med vägledningen och [för att förkunna] den sanna tron som skall föras till seger över all [annan form av] gudstro. När Allah har talat behövs inga ytterligare vittnesbörd" (48:28).

I tre av haditherna (176, 177 och 791) sägs till och med att varje sten ska vändas för att hitta judar

"du [rättrogen muslim] ska kämpa mot judarna och du ska döda dem, ända tills även en sten säger: kom hit, muslim, det finns en jude som gömmer sig bakom mig; döda honom" (Ibn Umar).

Ovan grundteser ligger till grund för fanatiska gudstillbedjares fruktansvärda illdåd runt om i världen. De följer bokstavligen vad som åligger dem för att bli bedömda som rättrogna.

Därmed inte sagt att alla gudstillbedjare av monoteistisk troslära följer dessa dekret, men de är vägledande för alla troendes syn på den egna versionens överlägsenhet över de övriga monoteistiska lärorna (judendom, kristendom, islam), om att det bara finns en sanning och människor ska vara beredda att gå i döden för den enda sanningen.

Först när dylika dekret är borttagna från monoteismens läror kan enligt min mening monoteismens humanistiska värdegrunder tas på allvar.

Då demokratiska humanismens värdegrunder möter anti-humanistisk teokrati uppstår således en konfliktsituation. För teokrater är gudsdekret oantastliga medan det för humanisten är uttryck för personlig värdegrund och som sådant måste värderas lika högt som humanistens egna ideal. Följden blir att humanisten försöker förstå och överbrygga motsättningar. Teokraten däremot uppfattar humanisten som svag eftersom underkastelse en gud saknas eller starkt marginaliserats till i princip obefintlighet.

För teokraten är världen uppdelad i enbart svart eller vitt, för eller emot, medan humanisten ser världen i en mängd kulturella nyanser på livets palett.

I möten med teokratiska kulturer fungerar därför inte det humanistiska samförståndskonceptet. Förfinad och känslosam retorik uppfattas som svaghet hos dem som inte äger samma värderingar. Klarspråk är därför enda vägen till förståelse. Ett gammalt ordspråk lyder att man ska tala med bönder på bönders vis, det vill säga anpassa budskapet efter mottagarens förutsättningar att förstå vad man talar om.

Problemets kärna är alltså oförståelse från båda sidor över de värderingar som respektive grupp baserar sin existens på; sekularism respektive teokrati (gudsfruktan). Därmed inte sagt att varje svensk är sekulär eller att varje invandrare är djupt troende. Men, och här är det absolut viktigaste, respektive samhällens indoktrinerade vardagskoder från spädbarnsåldern (kanske till och med epi-genetiskt betingat) kan inte neutraliseras eller överbryggas med logiskt resonemang. Logik fungerar helt enkelt inte som överbryggande resonemang eftersom det råder olika verklighetsuppfattningar. Vissa koder kan och får inte ifrågasättas.

Efter många år bland Mellanösterns (Västasiens) olika kulturer har jag insett hur starka de nedärvda samhällskoderna och vardagsritualerna är. Jämför till exempel två till synes fientliga grupper; judiska flyktingar som efter andra världskriget flydde från Nordafrika och bosatte sig i Israel och den nuvarande muslimska befolkningen i Nordafrika! De två grupperna har avgörande gemensamma vardagskoder och förhållningssätt till omvärlden. Klan- och stamtänkande är hos båda grupper än idag starkt dominerande och oftast starkt religiöst baserat. Kärnfamiljen och flergenerationsfamiljen är navet kring vilket allt snurrar. Genom giftemål tas nya medlemmar upp i gemenskapen men måste följa gällande vardagskoder och ritualer.

Denna familjestruktur har sin motsats i det sekulära äktenskapet där gemenskap bygger på samhörighetskänsla mellan två parter, oavsett kulturell bakgrund eller religiös tillhörighet.

Många invandrare vill tillhöra detta sekulära liv, men hindras på grund av nedärvda koder och strikta familjeregler. Inte sällan uppstår livsavgörande konflikter som i dess mest brutala form utmynnar i (så kallat heders-) mord på den som vill lämna klanen eller genom handling ifrågasätter klanens koder. Hedersmordet på Fadime av hennes pappa i Uppsala 2002 blev en väckarklocka.

Uteslutande handlar det om flickor som revolterar och ifrågasätter det patriarkala förtrycket att inte låta kvinnor få välja partner. Nämnda Fadime vägrade gifta sig med en kusin och hade en svensk pojkvän. Undfallenhet från samhällets sida att lagligt beivra liknande förtryck ger fel signaler till utövarna. Tvångs- och barnäktenskap måste kraftfullt fördömas och svensk lag måste gälla alla medborgare.

Samma sak måste gälla kvinnlig omskärelse. Mutulering av flickors könsorgan är vidrigt och fullkomligt oacceptabelt. Likaså religiöst tvång. Religiositet tillhör det privatas domän och har ingen plats i det offentliga beslutande rummet.

Statsmakten har förvisso klart markerat mot dessa yttringar och bland annat skapat Kvinnofridslinjen som drivs av "Nationellt centrum för kvinnofrid" på uppdrag av regeringen, men fortfarande utsätts flickor för könsstympning och tvångsäktenskap. Religiösa poliser är också verksamma och agerar hotfullt mot dem som inte följer "gudomliga dekret". Polisen listade i december 2015, 53 områden i Sverige där bland annat våldsbejakande religiös extremism växer och där parallella samhällsstrukturer existerar. [8]

Varför då denna flathet?

Är det för att Sverige vill så väl? Som förre statsminister Fredrik Reinfeldt sa strax före Alliansen förlorade makten 2014:

"Jag kommer att vädja till svenska folket att öppna sina hjärtan för de mycket utsatta människor som vi nu ser runt om i världen ... Vår bedömning är att den väldiga hänsynslöshet i en trasig värld vi ser i vår absoluta närhet är så pass allvarligt att allt fler människor kommer att tvingas fly till Europa och Sverige ... och jag kan redan nu säga att det kommer leda till stora kostnader ".[9]

Vi vet hur det gick. Från att ha profilerats som humanitär stormakt framstår nu Sverige istället som en nation av naiva, godtrogna, välmenande men ack så verklighetsfrämmande politiker och opinionsbildare. Med vimplar och hurra-rop möttes många asylsökande med stöd av Migrationsverkets officiella förpliktigande att villkorslöst ge alla syrier som anländer till Sverige permanent uppehållstillstånd.[10] Tiotusentals syrier litade på löftet från Migrationsverket och under ibland omänskliga förhållanden satte de sina liv på spel för att nå Sverige. Löfven-regeringen satte emellertid 2016-01-04, i och med stängslet mot Danmark, definitivt stopp för Sverige som humanitär stormakt.

Jämfört med andra länder har Sverige, i förhållande till sin befolkningsmängd, gjort en imponerande insats för människor i nöd. 198.246 asylsökande 2015 vittnar om stort förtroende för svensk flyktingpolitik. Att runt 80.000 av dem preliminärt fick avslag bevisar bara att det (humanistiska) åtagandet blev för stort.

Men, hur är det med andra länder? Finns det något land som i modern tid tagit emot lika många eller fler än vad Sverige orkade med?

Ja, Israel är ett av de länder som lyckats integrera närmare en miljon före detta sovjetmedborgare mellan åren 1989 och 2006. Huvuddelen judar men också icke-judiska äkta hälfter och kristna. Israel hade 1989 en befolkning på 4,5 miljoner (hälften av Sveriges befolkning 2015) och 2006, 7 miljoner.

Varför lyckades Israel med det som Sverige misslyckas med?

Svaret är föga överraskande att medan de sovjetiska judarna delade samma kulturella värdegrund och en brinnande vilja att integreras, styrs 2010-talets invandrare till Sverige av annorlunda kulturell bakgrund och är i de flesta fall tyngda av teokratiskt tänkesätt och normativt agerande i stark konflikt med svenska värdegrunder.

Vilka kulturella skillnader finns det då egentligen mellan Sverige och asylsökande 2015 från Syrien (55.115 asylsökande), Irak (21.955) och Afghanistan (65.044)? [11]

Innan jag går in i detalj på skillnaderna så är det på plats att i stora drag belysa hur stater i Mellanöstern konstituerades och vad som utgör deras ideologiska grund.

Redan för 100 år sedan skrev David Fromkin i sin bok "A Peace to End All Peace", [12] att det tog 14 århundraden för Europa att nå stabilitet efter Romarrikets fall och varnade för att det post-Ottomanska riket inte skulle kunna byggas på en dag.

Totalt okänsliga för lokala förhållanden och etniska gruppers lokalisering, godkände en egensinnig engelsk regering och en frånvarande fransk regering det så kallade Sykes-Picot avtalet från 1916, då Mellanöstern delades upp i engelska respektive franska intresseområden. Inget av nuvarande Mellanösterns länder hade ännu skapats. Dåtidens demografiska statistik visade istället på hur uråldrig stam- och klantillhörighet dragit gränser mellan befolkningsgrupper. Illustrationen nedtill är en deskriptiv karta över faktiska sociala, kulturella och etniska förhållanden under början av 1900-talet. Insprängt finns även det moderna Israels gränser och Sykes-Picot uppdelning. Det är rimligt att antaga att om uppdelningen skett enligt "etniska gränser" skulle konflikthärdarna i Mellanöstern kraftigt ha kunnat reducerats.

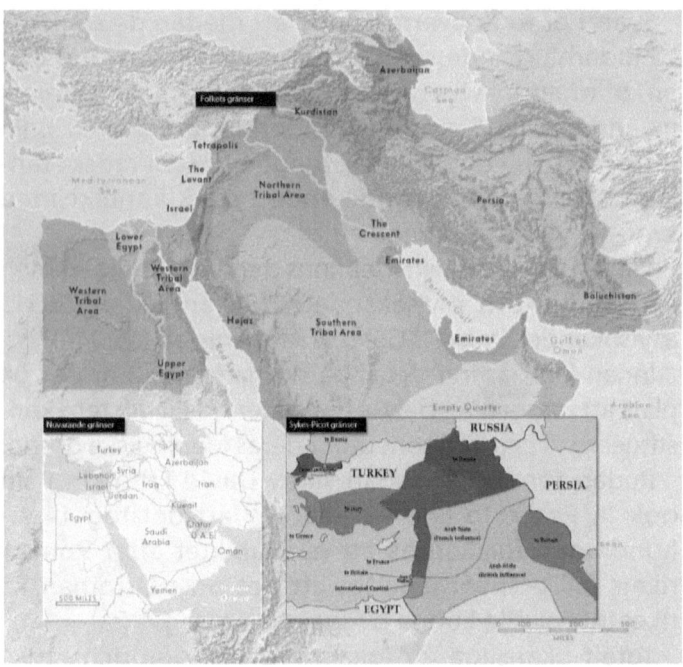

Till skillnad från staters organisation, som är centraliserad och med politisk hierarki, byggde den förislamska arabiska stamkonstitutionen på regional organisation och decentraliserad själv-hjälp. Den nomadiserade familjestrukturen baserades på många barn och boskap. Många barn innebar att mer arbete kunde utföras, vilket möjliggjorde mer boskap som kunde födas upp vilket gav högre välstånd och lokalt inflytande. Förhållande mellan familjer baserades på ett mönster av ömsesidigt erkännande av den fysiska styrkans maktkonstitution. Stora familjer med många stridande män erövrade närliggande familjers boskap och domäner. Klaner formades, som resulterade i allt större stammar, som i sin tur konfronterade andra stammar. Regionalt styrda enklaver under åldermän upprätthöll sinsemellan maktbalans men enades om de utsattes för hot från andra regioner. Strukturen kan möjligen visualiseras med hjälp av den ryska dockan "Babushka". Självständiga mindre enheter bildade en större enhet, som ingick i en ännu större enhet o.s.v.

Denna struktur utnyttjade Muhammed då han lyckades ena de många stammarna i en gemensam front genom lansering av idéen om muslimer mot alla andra. Konceptet blev med Muhammeds introduktion av en högre makts krav på underkastelse (Islam betyder underkastelse) ett fenomenalt framgångsrecept. Attacker mot otrogna blev religiöst sanktionerade och dessutom ett krav. Muhammed introducerade också konceptet av strid mellan "dar al-Islam", islams land med fred och "dar al-harb", de otrognas land med krig. Lägg därtill ett krigstrött Europa med Bysantinska riket i upplösning efter den fruktansvärda pestepidemien Justinian som utbröt år 541 i Konstantinopel. Den ledde till att omkring 30–50 miljoner människor dog, vilket radikalt decimerade de arméer som skulle möta de muslimska invasionsstyrkor som till största del klarat sig undan böldpesten genom isolering.

Innebörden av *jihad* (betyder heligt krig eller ordagrant kamp) började spridas och blev i islams tidiga teologiska debatt liktydigt med heligt krig mot alla otrogna. De byzantinska och persiska rikena föll och under 500 år stred muslimer mot det väldiga Indien, som enligt den belgiske orientalisten och indologen Koenraad Elst innebar att närmare 80 miljoner hinduer mördades.[13]

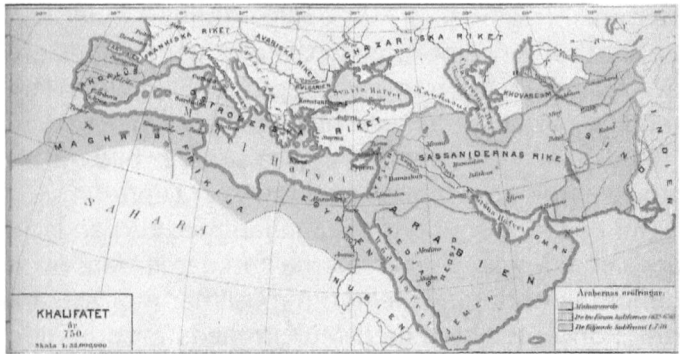

Redan 632 bildades det första kalifatet, Rashidun, under kalifen Uthman. År 661 grundades det första kalifatet med Damaskus som huvudstad. Muslimska arméer hade då erövrat Mellanöstern, Nordafrika och trängt ända fram till den indiska gränsen. Muhammeds strategi hade lyckats. Arabiska klan- och stamsamhällen förenades under Islams flagga. Den nya religionen med judisk-kristna rötter anpassades framgångsrikt till arabisk identitet.

Islam hade dock inte nått sin slutliga form. Fortsatta erövringar och ökad urbanisering krävde förstärkning av koranska föreskrifter och anpassning till icke-beduinska folkgrupper. Dessutom hade schismer redan börjat dyka upp. Dogmatiska skillnader växte tidigt fram ur kampen för kalifatet, som började å ena sidan med Khawarij revolten, och å andra sidan upprättandet av Shia. Trots dessa kulturella skillnader blev islam etablerat.

Muhammeds strategi utgör i vår tid Islamiska Staten (Daesh) ideologiska bas för dess barbariska framfart i dagens Mellanöstern och med förgreningar långt in i det sekulära Europa och övriga västvärlden. Påståendet att IS´ (Daesh) inte skulle representera islam är således helt fel. I själva verket följer IS´ (Daesh) Muhammeds strategi för att på nytt försöka ena araber i ett nytt kalifat. Vad som ytterligare försvårar samexistens-lösningar är att Islam inte tillåter reformering av muslimska urkunder utan tvärtom som en av islams mest betydelsefulla skriftlärda, Hamza Yusuf (själv konvertit), under rubriken "Rethinking Islam reform" hävdade 2010:

> "En reformerad islam är inte islam, eftersom islam redan från början är reformerad [härstammar från judendom och kristendom]". [14]

Yusuf anser att islam på sin höjd kan tillåta "renovering" av doktrinerna.

Det innebär att muslimska reformrörelser som istället för lydnad under *sharia*lagar predikar lydnad under europeiska lagsystem bedöms som otrogna. Dess mest extrema och mest bokstavsstrogna utövare, IS´ (Daesh), har det senaste året visat otaliga prov på hur otrogna behandlas. Trots det attraherar IS´ (Daesh) idéer inte bara sunnimuslimer i Irak och Syrien utan även muslimer från övriga världen och till och med svenska medborgare, vilket är ett underbetyg för svenska politikers konstitutionella förpliktelse att fostra och värna demokratiska ideal hos alla medborgare, oavsett religionstillhörighet.

Islam har idag 1.5 miljarder tillbedjare och finns i huvudsak i tropiska, sub-tropiska och öken- och stäppländer.

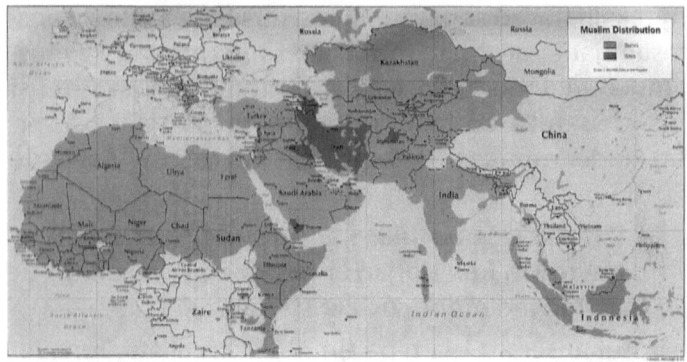

Islamism finns i Sverige. Göteborg utpekas som en av IS´ (Daesh) främsta rekryteringsbaser i Europa. – Ett skafferi fullt av kanonmat till IS´ (Daesh), säger Ulf Boström, integrationspolis i Göteborg.[15] SÄPO har dokumenterat 130 fall från Göteborg, men hävdar att mörkertalet är minst lika stort.

Vad är det då som motiverar muslimer fostrade i Sverige att ansluta sig till IS´ (Daesh)?

Jihadister är inte annorlunda än andra välmotiverade (fredligt sinnade) svenskar. Skillnaden ligger i de kulturkoder islamister fört med sig till Sverige. Auktoritär uppfostran i teokratiska samhällen göder en annorlunda livssyn. Om intolerans mot oliktänkande närs av återkommande alienering inför det svenska demokratiska samhällssystemet och humanismens etiska koder, till förmån för islamismens gudomliga diktaturdekret, blir den enskilde unge muslimen predestinerad att söka sig till rörelser typ IS (Daesh). En process som evolutionen lagt grund för och som resulterar i ungdomlig öppenhet men i konflikt med (äldre) hjärnors rationella konstitution. Processen styrs av hjärnans känslocenter, limbiska systemet, som står för känsloupplevelser och prefrontala cortex, som står för rationellt tänkande. I unga år och speciellt mellan åren 13-25 är det limbiska systemet i förhållande till prefrontala cortex vida överaktivt, hävdar Yossi Chalamish,[16] hjärnforskare vid Weizmann Institutet i Israel. Känslor svallar som tsunamivågor genom ungdomars kroppar. Först i mogen ålder uppnås balans och prefrontala cortex' eftertänksamhet balanserar känslosvallet. Chalamish gör jämförelse mellan knivattacker av enskilda muslimer i Israel mot judar och IS´ (Daesh) barbari i Syrien i Irak. – Båda är resultat av att prefrontala cortex har satts ur spel. Känslor har tagit över rationellt tänkande, hävdar Chalamish.

Härskare, ledare, diktaturer, demokratier, anarkister och så vidare utnyttjar denna evolutionära kompetens för att entusiasmera följeslagare och sprida idéer. Problem uppstår då ledargarnityr av religiösa eller psykotiska orsaker inhiberar prefrontala cortex direktiv om besinning och istället tillåter det limbiska systemet att ta över. Det vill säga då normativt uppförande ersätts av blind lydnad inför en härskares vilja och/eller religiösa dekret.

Gudomliga dekret måste som tidigare framhållits få ifrågasättas. Fanatiker låter sig inte påverkas och allra minst övertalas, varför upplysningsarbetet bör inriktas på att informera vanligt folk, så att de vänder sig bort från uppviglarna och istället bejakar bibelns och koranens kärleksbudskap, fredlig samexistens och respekt för varje persons religionstillhörighet.

Ingen av monoteismens galjonsfigurer (Abraham, Jesus och Muhammed) har lämnat någon egenhändigt nedtecknad text varför hela idéen om gudomliga dekret snarare handlar om retoriskt begåvade personers idéer om hur livet och samhällena skulle kunna gestaltas "bättre". Idéerna fann gehör hos massorna därför att de presenterades vid rätt tidpunkt och i rätt sammanhang. Reformrörelser har därefter anpassat doktrinerna till tidens anda och dessutom sedan upplysningen kämpat för att skilja stat från kyrka, utom inom Islam.

I länder som Sverige, Danmark, England, Holland, Frankrike, Tyskland och Norge agerar rörelser för införande av muslimska enklaver med islamiska sharialagar: en lag som bryter mot allt vad väst uppnått sedan upplysningens uppgörelse med kyrkomaktens dominans.

För att förhindra denna utveckling måste EU införa en konsekvent informationskampanj, med mål att upplysa invandrare om vad frihet under ansvar innebär och informera om skiljelinjen mellan personlig tro och länders oberoende av religiösa dogmer i den politiska beslutsprocessen, samt inte minst tolerans av oliktänkande och innebörden av religionsfrihet.

En video som borde sätta igång alarmklockor visar hur sunnimuslimer i Norge enhälligt stödjer stening av kvinnor. I videon från Islam Net frågar dess ordförande, Fahad Ullah Qureshi, under en paneldiskussion om "Islam i media" 2013, de 4.000 församlade muslimerna:

"Hur många av er är överens med de straff som beskrivs i koranen och kunna, oavsett om det är döden, oavsett om det är stening för äktenskapsbrott, oavsett vad det är? Om det kommer från Allah eller från hans budbärare, att det är det bästa möjliga straffet för mänskligheten och det som bör gälla i världen? Vem håller med om det?". [17]

I videon framgår att alla höjer sina händer, vilket får ordföranden att komma med följande fråga:

"Allahu akbar, är ni alla extremister? ... Så alla ni säger att ni är vanliga muslimer .... och att ni alla går till normala sunni-moskéer? ... Vad ska politikerna säga nu? ... Vad ska medierna säger nu? Allahu akbar! ... De måste utvisa oss alla från detta land [Norge]". [ibid]

De kulturella skillnader mellan Sverige och asylsökande 2015 från Afghanistan, Syrien och Irak är alltså enorma. Jag syftar här förstås inte i första hand på de sekulära araber, kurder och yazidier som söker asyl i Sverige, utan på de traditionellt fostrade och auktoritärt lydande asylsökande. Men även de sekulariserade bär ofrivilligt på och styrs intuitivt av koder som reflexmässigt styr deras vardag. På samma sätt som svenskar styrs av koder och normativt beteende. Skillnaden i världsuppfattning kan förmodligen inte vara större än mellan en svensk flicka uppvuxen i Västra hamnen i Malmö och en pojke från Helmand provinsen i Afghanistan. Hon bor intill Öresund i en del av Malmö där internationellt kända byggherrar och arkitekter har skapat en förebild för hållbara levnads- och arbetsvillkor. Pojken kommer från en stamstyrd landsbygd där endast ca 3% av hushållen har tillgång till rent dricksvatten och en tredjedel av vägarna inte är farbara under vissa årstider och i vissa områden finns det inga vägar alls.

Vad är det då för världsbild asylsökande från Afghanistan Syrien och Irak har då de kommer till Sverige?

Kanske en av de viktigaste skillnaderna är förekomsten av religiös lag *"sharia"*. Runt 800 miljoner muslimer vill ha *sharia*lagar i sina länder eller är starkt radikaliserade.[18]

Den kristna protestantiska läran har ingen motsvarande lag eftersom Kristi kyrka, enligt Martin Luther, inte var avsedd att vara en lagkyrka, utan en personlig

andlig lag som skall hållas i människans inre för att se-
dan få synligt utlopp i goda gärningar. [19]
Varför då inom islam? Islam är ju trots allt monoteis-
tisk. Svaret är att islam enbart följer moderreligionen
(judendomens) krav på religiös lag "Halacha". Pro-
testantismen bryter således mot en av grundpelarna
inom monoteismen, genom att i princip bara ha de tio
budorden som vägledande vardagskod. Hur har då
protestantismen gestaltats utan förekomst av religiös
lag som i princip styr varje troendes vakna liv. Ja, lag-
verket är så inträngande att det också kan komma att
användas för att styra drömmarnas värld?

Men först några allmänna iakttagelser om kristen-
domens historiska betydelse för det moderna sam-
hällets utveckling. Kristendom är genealogiskt för-
bundet med Europas utveckling från reformationen
(Protestantismens födelse) och upplysningen till det
moderna samhället. Att religionen står som moder till
våra styrelseskick och definition av demokrati är inte
så märkligt som det först kan verka. All samhällskon-
stitution från civilisationens början grundar sig på en
förklaringsmodell av en värld regerad av gud(ar).

I efterdyningarna av reformationen skedde en om-
värdering av bibeln och judendomens rabbinska tex-
ter, vilka i sin tur baserades på ännu äldre kulturarv,
nämligen de första civilisationerna i Mesopotamien -
Sumer och Akkad - och Zoroastrismen (Persien/Iran).

Fram till upplysningen cirkulerade den exegetiska
debatten kring om Gud krävde att en monark måste
leda ett land (till exempel kungadömena Israel och
Juda) eller om det i själva verket var så att Gud straf-
fade israeliterna med världslig monark (som alla andra
länder, vilket oftast resulterade i grymma och despo-
tiska regenter) för att folket avvikit från den rätta

gudstron genom att tillsätta världslig ledare. En diskussion som ebbade ut med upplysningens krav på skiljande av stat och kyrka. Ett konstaterande som leder fram till slutsatsen - nu blir det komplicerat - att människan är den enda varelse som grubblat över sin existens till den grad att hon har konstruerat en högre kraft av vetande, som sig själv ovetande inte kan förstå vad ovetandets vetande vet om det ovetande som vetandet skapat. Jag vet att det är svårförståeligt, men så är också de tankegångar som krävts i hjärnans oändliga evolutionärt skapade vindlingar som möjliggör för människan att skapa gud(ar).

Upplysningens filosofer ville förmå människan att tänka utanför ramen av en enda gudomlig sanning, som härskare dittills använt för att kontrollera, styra och förtrycka folk.

Bland annat detta arv har flickan från Västra hamnen i Malmö. Hennes förfäder har kämpat för frihet undan kyrkans överhöghet. De har kämpat för flickors rätt till skolgång, kvinnors rösträtt, jämlikhet och rätt till sin egen kropp. Pojken från Helmand provinsen i Afghanistan bär på det totalt motsatta då han söker asyl som ensamkommande barn i Sverige. Ett oerhört digert arbete krävs för att flickan och pojken ska kunna samexistera på flickans villkor. Följdfrågan är då var gränsen skall dras för att inte pojken helt ska förlora sin identitet och förlora fotfästet i en sekulär rymd?

Kanske svaret inte är så komplicerat? Räcker det med den Gyllene regeln som redan finns representerad i världens alla religioner och kulturer?

Följs uppmaningen att behandla sin nästa som människan själv vill bli behandlad, öppnas möjligheter för respekt, dialog och idémässigt utbyte.

Frågan är om viljan och förmågan finns hos den afghanske pojken att bryta barriärer och söka integrering i det svenska samhället och hos den svenska flickan att hjälpa en människa i nöd?

Vad exakt skiljer då kulturerna åt? Går det att smälta samman dem utan att människors identitet går förlorad? Afghanistan är en islamsk republik grundad på *sharia*lagar. Konstitutionen beskriver islam som landets heliga lag och stöds enligt PEW research (2013) av 99% av befolkningen.[18]

Syrien är ett land i upplösning med 100.000-tals döda och 6.6 miljoner flyktingar inom landet och 4.8 miljoner på flykt i närliggande Jordanien, Libanon, Turkiet och Europa (2016). Syrien utgörs av en mängd etniska grupper som fram tills inbördeskriget med järnhand styrdes av alavitiska Assad familjen vilka representerar en minoritet på ca 13%. Alavism är en variant av shia-islam med religiöst centrum i shiitiska Iran. Huvuddelen av Syriens befolkning är annars sunnimuslimer (74%).

Irak är också ett land i upplösning med tre dominerande folkslag, shia 60%-65%, sunni 32%-37% och kurder; 70-75 % av alla kurder är sunnimuslimer och ungefär 3-5 % shiamuslimer samt ökande antal tillbedjare av den gamla persiska religionen Zoroastrismen, som haft mycket stort inflytande på monoteismens moderreligion judendom. Kurder omfattar även folkgruppen yazidier som IS begått folkmord mot och vars kvinnor använts som sexslavar av IS.

"Yazidier är en kurdisk religiös minoritet som ISIS länge har betraktat som "djävulsdyrkare" och lovat att utrota. Sinjar berget som utgör yazidiernas hjärta ligger i nordvästra hörnet av Irak och utanför officiellt Kurdistan Regional Government (KRG) territorium, vilket gör dem särskilt sårbara ... I Sinjar den dagen - 3 augusti, [2014] - började ISIS utföra massavrättningar, en slakt som i slutändan tog livet av minst 5000 yazidier. De fångade också upp tusentals flickor och kvinnor för att användas som sexslavar." [20]

Irak styrs med en kombination av civil och islamisk lag (sharia). 91% av befolkningen stöder enligt PEW research (2013) sharia.[18]

Enligt samma instituts opinionsundersökning vill en majoritet på 58% av alla muslimer i världen att sharia ska vara lag i de länder de lever, alltså inte enbart i muslimska länder.

Vad är då sharia? Troende muslimer tror att det är Allah som genom ärkeängeln Gabriel uppenbarade sig och gav Muhammed koranen, i vilken sharialagarna kan utläsas och tolkas. Dessutom ingår hadither som är en sammanställning över profeten Muhammeds levnadsregler (sunna). Profeten Muhammed var enligt samstämmiga uppgifter analfabet men har trots det kunnat ta del av Gabriels budskap och dessutom omsätta dem i hadither. Problemet med haditherna är att många bedöms oäkta.

Av de 600.000 hadither som analyserats, har endast 7.275 kunnat rymmas inom de kriterier som sattes upp av Sahih El-Bukhari.[21] Han utförde sitt arbete mer än 200 år efter Muhammeds död.

Hadiths är indelade i deras mutznaf (text) och deras isnad (kedja av kommunikation). Eftersom texten alltid är ett direkt citat av profeten, är det inte öppet för granskning, eftersom profetens ord är heliga, liksom texten i koranen. Detta lämnade bara isnad öppen för att analysera om varje länk i kedjan var rimlig. Således måste den första personen i kedjan vara i kompanjonskap med profeten, dvs en samtida med honom, och därefter en följeslagare till profeten, dvs en medlem i nästa generation. Frågan är om detta kriterium var alltför otydligt, eftersom det endast kräver en linjär referens: som hört vad från vem. Det är antagligen inte långsökt att anta att någon som var bekant med detta kriterium kunde tillverka både *mutznaf* och *isnad* för egna syften. Med andra ord, de ord som sades komma från Muhammad kunde faktiskt vara resultat av en personliga agenda. Ett exempel på detta är Umar Ibn al-Khattab påstående att han hörde Muhammed säga att alla judar och kristna bör utvisas från Medina.

"Dess äkthet diskuteras. En av Umars guider i Jerusalem var nämligen en jude vid namn Kaab al-Ahbar. Umar tillät dessutom judar att dyrka på Tempelberget och vid Klagomuren, medan bysantinerna förbjöd dem. Således är klausulens äkthet om judar ifrågasatt."[22]

Hadithernas olika tolkningar är också en av orsakerna till den blodiga konflikten mellan sunni och shia muslimer. Exempelvis råder det oenighet om tillfälliga äktenskapshadithen *"mut´ah"* (betyder glädje eller nöje), vilket gör det möjligt att upprätta ett avtal för användning av en kvinna under en viss period (prostitution - även för kort tid som en enda natt). Shia tillåter det under förevändningen att det är en korrekt *hadith*; något som sunni häftigt bestrider.

Sharialagarnas tredje källa är "de lärdas" konsensus, det vill säga, lärda från olika högskolor som studerade juridik. Ett antal sådana skolor existerade och anslutning till en viss skola eller annan varierade från plats till plats och från sekt till sekt. Således accepteras Hanbali skolan av den dominerande Sa'udiska wahhabitiska sekten och utgör bas för muslimsk fundamentalism.

Sharia praktiseras därför olika i muslimska länder, men enighet råder dock om 180 verser (av totalt 350) ur koranen där avsikten anses framgå entydigt, utan risk för feltolkningar.

Vad lagstadgar då *sharia*? Jag väljer här att ta upp lagar som anger den kontext i vilken människan under sharialagar befinner sig i:

> "Om en [ogift] kvinna och [ogift] man gör sig skyldiga till sexuellt umgänge - piska var och en av dem med ett hundra piskrapp, och ha inget medlidande med dem ... Och låt en grupp troende bevittna deras straff" (Koran 24:2).

Versen som talar om att stena äktenskapsbrytare till döds saknas enligt Muhammeds följeslagare Umar (andra kalifen 634-644) i koranen. Men han lämnade inget tvivel om att detta straff skedde under Muhammeds ledning. Heliga traditioner och klassiska lagar bekräftar också att så skedde.

> "... Om de vänder sig bort från [Allah], grip dem och döda dem var du än hittar dem" (Koran 4:89).

> "Rusdrycker och spel om pengar, alla hedniska bruk och spådomskonst är ingenting annat än Djävulens skamliga påfund; håll er borta från allt sådant, för att det skall gå er väl i händer" (Koran 5:90).

> "Och i denna [Tora] föreskrev Vi för dem att ett liv [skall tas] för varje liv [som spills] och ett öga för ett öga och en näsa för en näsa och ett öra för ett öra och en tand för en tand och för varje sår ett motsvarande sår" (Koran 5:45).

"Mannen som stjäl och kvinnan som stjäl skall som straff för detta brott få handen avhuggen" (Koran 5:38).

"De som kämpar mot Gud och Hans Sändebud och vars strävan det är att störa ordningen på jorden och sprida sedefördärv skall utan förskoning dödas eller korsfästas eller få hand och fot på motsatta sidor avhuggna eller förvisas från [sitt] land. Denna förnedring skall de utstå i detta liv och i det kommande livet skall de få utstå ett outsägligt lidande" (Koran 5:33).

Däremor har sharialagen om att homosexuella kan fängslas, piskas, eller avrättas inget stöd i koranen.

"Måste ni, ensamma i hela skapelsen, söka er till ert eget manliga kön och förbigå dem som er Herre har skapat till hustrur åt er? Ni överskrider verkligen alla gränser!" (Koran 26:165-166).

Därför är det märkligt att islamska länder utdömer mycket stränga straff för homosexualitet.

Koranen och sharialagar ger däremot muslimska män rätt att slå sina hustrur:

"Män är ansvariga för kvinnor genom den [rätt] Allah har gett en över den andra ... Så rättfärdiga kvinnor är andäktigt lydig ... Men dessa [fruar] från vilken du fruktar arrogans - [först] råd dem; [Då om de fortsätter], överge dem i sängen; och [slutligen], slå dem" (Koran 4:34).

Kvinnor bedöms i koranen vara mindre trovärdiga varför det krävs två kvinnor på varje mans vittnesmål

"... tag då en man och två kvinnor bland dem ni godkänner som vittnen - om någon av dem begår ett misstag kan då den andra påpeka det för henne" (Koran 2:282).

Kravet att bära ansiktstäckande slöja grundar sig på (medveten?) feltolkning av en koranvers:

"När ni behöver vända er till [Profetens hustrur] för att be om något, tala då till dem från andra sidan av ett förhänge (*hijab*)" (Koran 33:53).

Uppmaningen gäller alltså för män att befinna sig bakom ett förhänge, inte att kvinnor ska dölja sina ansikten. "*Hijab*" används i koranen som uttryck för något som skiljer av och aldrig i samband med kvinnors klädkod. Inte någonstans i koranen står uttryckligen att kvinnor ska dölja huvud, ansikte eller hår. Däremot uppmanas kvinnor:

"Och säg till de troende kvinnorna att de bör sänka blicken och lägga band på sin sinnlighet och inte visa mera av sina behag än vad som [anständigtvis] kan vara synligt; låt dem därför fästa slöjan så att den täcker barmen." (Koran 24:31).

En muslimsk man kan skilja sig från sin hustru genom att tre gånger uttala så. Motsvarande möjlighet finns inte för kvinnor.

"Skilsmässa är två gånger. Därefter, antingen behåll [henne] på ett acceptabelt sätt eller släpp [henne] med bra behandling" (Koran 2:229).

En muslimsk man får ha upp till fyra hustrur:

"... gift dig med [andra] kvinnor, två eller tre eller fyra" (Koran 4:34).

Giftermål med underåriga är baserad på profeten Muhammeds förlovning med Aisha vid sex års ålder och deras giftermål vid nio års ålder (Muhammed var i 50-års åldern). Refererande text i koranen räknar upp specifika situationer och med hänvisning till följande citat anses giftermål med ännu inte menstruerande flickor tillåtet:

" ... de som ännu inte har menstruerat"
(Koran 65:4).

Vad säger då väst om sharialagarna? 2003 fast-
slog Europadomstolen att:

"*sharia* är oförenlig med grundläggande de-
mokratiska principer" /.../ "särskilt då det gäller

straffrätt och straffprocessrätt, regler om kvinnors rättsliga ställning och hur det ingriper i alla områden av privat och offentligt liv i enlighet med religiösa föreskrifter." [23]

Men kvinnor har historiskt (grundat på bibelns kvinnofientlighet) behandlats vidrigt även i Västvärlden. I Magna Carta från 1215 (som främst sökte beskära konungens makt) reduceras kvinnor till enbart ett (fördömmande) omnämnande i lag 54:

(1) "TILL ALLA FRIA **MÄN** I VÅRT KUNGADÖME har vi även beviljat, för oss och våra arvingar, alla de friheter beskrivna nedan, att ha och bevara för dem och deras arvingar ...

(54) Ingen ska bli arresterad eller fängslad på uppmaning av en kvinna för en persons död utom hennes make. "[24]

Först närmare 600 år senare med stöd av upplysningens banbrytande process mot förlegade samhällskoder, lyckades Mary Wollstonecraft i sitt "Till försvar för kvinnans rättigheter" (*A Vindication of the Rights of Woman*) 1792 [25] i England, fästa samtidens uppmärksamhet på kvinnors vidriga situation.

Wollstonecraft vågade uttrycka idéer om kvinnor och mäns lika värde. Att flickor och pojkar äger samma kognitiva begåvning och således ska beredas samma uppfostran och utbildning.

Fullkomligt självklara krav anser vi som tillhör västvärldens demokratier, men en utopi för kvinnor i stora delar av världen fortfarande år 2016.

Så är det exempelvis i Saudiarabien, som enväldigt och rigoröst förvaltar arvet från profeten Muhammed och utgör typexempel på ett slutet land. Enligt "Polity IV Individual Country Regime Trends, 1946-2010", är

Saudiarabien och Qatar världens värsta förtryckarregimer. Samtidigt är Saudiarabien USAs främsta bundsförvant i en turbulent arabvärld. Saudiarabien är också Sveriges enskilt viktigaste handelspartner i Mellanöstern. Exporten uppgick 2014 till runt 11 miljarder SEK.[26] Utnämningen till värsta förtryckarregim kommer inte från en obskyr politiserad organisation. Polity IV är CIA finansierad och därmed underställd USAs regering. I Polity IV ges länder som USA och Sverige toppbetyget 10, medan Saudiarabien och Qatar får lägsta möjliga -10. Som jämförelse fick Brasilien 1966 underbetyget -9 men sedan 1989 8. [27]

Världens vidrigaste förtryckarregim Saudiarabien - wahhibismens (salafismens) beskyddare - kräver av kvinnor "*abaya*" (heltäckande kroppsklädsel), "*niqab*" (huvudslöja), begränsade möjligheter till utbildning och karriär, förbud att köra bil, förbud att ha social kontakt med icke manliga familjemedlemmar. Obligatorisk krav på manlig familjemedlem eller "beskyddares" kontroll av varje form av personlig aktivitet, såsom att öppna ett bankkonto.[28]

2005 försökte den nyligen avlidne (2015) saudiarabiske kungen Abdullah reformera Saudiarabien men han mötte kraftfullt motstånd från wahhibismens förespråkare, framför allt från sin halvbror, kronprinsen Nayef Bin Abdul Aziz och det dominerande Saudiarabiska prästerskapet, som genom *mutawiyin* (religiös polis) har befogenhet att ingripa överallt i samhället där de upptäcker att saudier inte följer renlärig islam.

Kungen tillsatte i januari 2012 en ny - i förhållande till Saudiarabiens dittillsrådande förtryckarregim - reformvänlig chef för den religiösa polisen. Det är exempelvis nu möjligt för kvinnor att arbeta i speciella klädesaffärer för kvinnor, istället för som tidigare att enbart män varit affärsbiträden.

Kungen lyckades också få igenom en lag som gav kvinnor rösträtt vid 2015 års val i Saudiarabien.

Det är dock enligt saudiarabisk lag fortfarande tillåtet att gifta bort sina 10-12 år gamla döttrar efter att kontrakt slutits mellan barnens föräldrar.

Men kvinnors rätt är även beskuren i Västvärlden och jag väljer att tämligen ingående redovisa för hur djupt föraktet för kvinnor sitter hos en del män även år 2016. Sverige var också sist i Norden med att ge kvinnor allmän rösträtt 1921.

I den amerikanska konstitutionen omnämns kvinnans rättigheter först i ett tillägg (Amendment 19, Women's Suffrage), som ratifierades 1920-08-18 [29]

"Medborgares rättigheter i Förenta Staterna att rösta skall inte vara förnekad eller förkortad av Förenta Staterna eller annan stat på grund av kön."

Detta infördes till följd av rösträttsrörelsen Suffrageternas framgångsrika kamp under slutet av 1800-talet, men framför allt under början av 1900-talet, för att även kvinnor skulle ha rösträtt.

Denna för oss självklara grundläggande rättighet i varje samhälle oavsett styrelseskick, är som vi sett ännu inte genomförd i alla länder.

Desto mer överraskande är att det faktiskt i USA fortfarande inte finns inskrivet i den amerikanska konstitutionen lika rättigheter för kvinnor och män.

Sedan 1982 råder det dödläge om det jämlikhetsförslag ERA (Equal Rights Amendment) som skulle ge kvinnor samma status som män inför lagen. Tillägget introducerades redan 1923 och godkändes av amerikanska kongressen men stoppades på grund av att tre stater inte ratificierade tillägget.

1972 godkände kongressen ett förslag om att tre

fjärdedelar av USAs stater hade fem år på sig att ratificiera tillägget. Så skedde inte utan istället drog det republikanska partiet 1980 bort sitt stöd för tillägget, vilket föranledde kongressen att förlänga ratificieringsperioden till 1982.

De stater som vägrade ratificiera tillägget var Alabama, Arkansas, Arizona, Florida, Georgia, Illinois, Louisiana, Mississippi, Missouri, Nevada, North Carolina, Oklahoma, South Carolina, Utah, och Virginia. [ibid]

Förslaget lyder i engelsk original version:

"Section 1. Equality of rights under the law shall not be denied or abridged by the United States or by any state on account of sex.

Section 2. The Congress shall have the power to enforce, by appropriate legislation, the provisions of this article.

Section 3. This amendment shall take effect two years after the date of ratification."

Den 25 april 2013 antog amerikanska Representahuset ett förslag om att ta bort ERA´s ratificierings slutdatum. Kvinnor har alltså fortfarande inte samma rättigheter som män i USAs alla delstater.

I Sverige är dock situationen, tack och lov, annorlunda. Svensk jämställdhetspolitik är världsledande och barnfamiljer har laglig rätt att dela på omvårdnaden under barnledighet.

Flickan från Västra hamnen i Malmö kan växa upp i vetskap om att hennes framtida mammaroll och genusposition i det svenska samhället är säker. Den afghanske pojken däremot måste lära om och ta till sig en helt annan världsbild och andra vardagskoder än det som utgör hans identitet.

Som jag tidigare berört handlar integrering om

vilja och förmåga till integrering. 80- och 90-talens stora invandring till Sverige löpte tämligen smärtfritt beroende på mer eller mindre gemensam kulturell bakgrund. Detta i kontrast med dagens invandring från starkt kontrasterande kulturer. En inte oväsentlig del i problematiken är också den ekonomiska fördelningspolitiken. Det jäser i folklagren då allt fler svenskar som arbetat hela sitt liv löper risk att bli fattigpensionärer, medan asylsökande tillåts kosta stora summor. Detta är absolut inte rättvist. Människor som byggt upp landet ska inte behöva känna ångest inför framtiden.

Skrota bidragskarusellen och ge alla pensionärer skälig månadspension, på exempelvis 17.000 netto för ensamstående pensionär och 25.000 för pensionärspar. Verka för att ta bort eller neutralisera incitament för fientlighet inför asylsökande och poängtera vårt globala ansvar. Kräv av godkända asylsökande kunskaper i svenska språket (vilket krävs för att bli dansk medborgare) och inför obligatorisk undervisning i humanistisk demokrati; dess historia, tillvägagångssätt i social kommunikation, allas lika värde och poängtera att religiös övertygelse tillhör enbart den privata sfären och har ingen plats i beslutande politiska frågor.

Då två kontratsfulla världar av öppenhet respektive slutenhet möts, krävs extraordinära åtgärder för att nå lyckad integrering. Förmodligen krävs det även flera generationer innan individer kan känna sig integrerade. Avgörande är alltså människors attityder. Men är det bara frågan om attityder? Tänk om det finns nedärvda reaktionsmönster och prioritering utöver människans möjlighet att medvetet kontrollera? Instinktivt reaktionsmönster som lyder urgamla koder? Så är det nämligen med sexuellt avvikande personligheter. Dem själva oförskyllt bär vissa män på genetiskt material som kan aktiveras under vissa omständigheter.

"Sexualbrott är, enligt en aldrig tidigare gjord undersökning, skrivet i generna. Bröder till för sexualbrott dömda män löper, jämfört med övrig befolkning, fem gånger större risk att begå våldtäkt eller misshandel ... Omkring 40 procent av risken att begå sexualbrott är genetisk. Resterande 60 procent beror på personliga och miljömässiga faktorer, övergrepp som barn, uppfostran, rikedom och utbildning... Forskarna fann att halvbröder till sexualbrottslingar var långt mindre benägna att utföra sexualbrott än helbröder, även om de hade växt upp i samma hushåll, vilket tyder på att delad miljö har liten effekt." [30]

Studien bygger på data från 21,566 män som dömdes för sexualbrott i Sverige mellan 1973 och 2009. Forskarna vid Oxford Universitet och Karolinska Institutet föreslår att pappor och bröder till sexualbrottslingar ska kunna erbjudas psykoterapi för att lära dem respektera gränser och dämpa aggressioner.

Visst mänskligt beteende är alltså nedärvt. Tänk om det även gäller andra uttryck av mänskligt beteende, exempelvis övertygelse om att det bara finns en sanning, som en stor del av asylsökande från teokratiska samhällen under många generationer präglats av? Då inser man att integrering är betydligt svårare än man först inbillat sig.

På liknande sätt borde det logiskt sett vara för svenskar som möter asylsökande. Svenskt humanistiskt demokratiskt "genetiskt" betingat reaktionsmönster och värdegrundbaserade attityder har svårt att förstå det motsatta.

Men om ett visst beteende är nedärvt, måste det rimligtvis komma någonstans ifrån. För att återknyta till sexualbrottslingar, borde man alltså försöka rekonstruera sexualbrottslingens genealogi. Eller är det generiskt beteende hos alla män? Som framgår av undersökningen är det inte så, utan förklaringsmodeller måste sökas på annat håll.

Har (vissa) män alltid våldtagit och skändat kvinnor eller kan det finnas kulturellt historiska orsaker? Eller har alla män varit våldtäktsbenägna men under civilisationens gång decimerats på grund av samhällets tryck? Det senare faller också på sin orimlighet, eftersom flertalet män inte är sexualbrottslingar.

Jag anser att (vissa) mäns inställning till kvinnor som sexuella objekt och föremål för godtyckligt förtryck har härkomst i patriarkatets utveckling från de första civilisationerna, då nomadlivet övergavs till förmån för permanent boende. De maktstrukturer som då byggdes upp gynnade den fysiskt starkare mannen.

En naturlig följdfråga blir dock om det inte även före patriarkatets genombrott förekom sexualbrott? Svaret är att det säkert alltid funnits, men det intressanta är att ta del i hur för-patriarkal texter såg på exempelvis våldtäktsmän.

I det sumeriska samhället angav gudinnan Inana tonen mot eventuella våldtäktsmän. En text beskriver hur Inana blivit våldtagen då hon uttröttad somnat. Hon vaknar på morgonen och märker vad som hänt. Hon söker fyra gånger efter gärningsmannen för att skipa rättvisa. Förövaren gömmer sig ynkligt och understöds av sin fader men till slut hittar Inana förövaren och dömer honom till döden:

"Heliga Inana undersökte sig själv noggrant. "Åh, vem kommer att kompensera mig? Åh, vem kommer att betala för det som hänt mig? Ligger det inte i min egen fader, Enkis, intresse?" ... "Fader Enki, jag borde bli kompenserad! .. "för det som hänt mig! ... varpå Enki sade till henne .... "Må så ske!". Av rädsla försökte Šu-kale-tuda göra sig så liten som möjligt, men kvinnan hittade honom ... och heliga Inana talade till Šu-kale-tuda: "Så! Du skall dö!" (Inana och Šu-kale-tuda: c.1.3.3). [31]

Kvinnor tilläts även under den sumeriska epoken vara betydligt mer aktiva.

"Forna dagars kvinnor brukade ha två män". [32]

I boken *"EVOLUTIONENS idéer – en kort berättelse om varför, när och hur människan (av allt att döma) tog fel väg"* [33] går jag igenom paradigmskiftet. Jag börjar med en röst från en särdeles begåvad akkadisk kvinna, Enheduana (död c:a 2250 f.kr.), och beskriver därefter en del av de förtryckarregimer kvinnor sedan akkadiska riket i Mesopotamien levt under.

Stora delar av världens kvinnor lever fortfarande under fruktansvärt förtryck och utsätts för stort lidande av män. Min tes är alltså, med stöd av ovan relaterade forskning kring sexualbrottslingar, att (vissa) män mer än andra använt sig av patriarkatets kanoniserade förtryckarmekanism och att det letat sig ner i människans DNA-strängar där det ligger latent och kan aktiveras.

Parallellen är då given med andra mänskliga uttryck som exponerats och uttryckts under många århundraden.

Men, det fina i kråksången borde då också vara att lika väl som destruktivt beteende kan leta sig ner i vårt genom borde det även finnas en möjlighet för människan att resa sig ur vidskepelse och villfarelse. Den goda människan skulle kunna ersätta den visa människan, vars vishet med all tydlighet kan och måste ifrågasättas. Kommer *Homo sapiens* kunna ersättas av *Homo bona,* eller *Homo empiri* (som lärt av misstagen)?

Vi sägs alla härstamma från urmodern "Lucy", som genomgått många transformeringar innan *Homo sapiens* tog över världsherraväldet och efter 190.000 år (om *Homo sapiens* är runt 200.000 år gammal) gjorde jorden till en tummelplats för förtryckarregimer. Fram tills dess hade människan levt respektfullt i symbios med naturen, om än med stor ängslan inför naturens kraftfullhet och oberäknelighet.

Först för 250 år sedan kunde ett nytt ljus skönjas vid Europas horisont. Upplysningen innebar ett markant avstamp mot ett bättre samhälle. Men paradoxalt nog betydde det också avstamp för en ny form av ängslan: *Globalizationis sollicitus* som i takt med utvecklingen mot det moderna samhället gjort sig alltmer påmind och vuxit i styrka. Gamla sanningar är inte så sanna längre. Populister lägger snaror för samförståndslösningar och öser subversiva lösningar på globaliseringsångestens sjudande kittel.

Människan som egentligen bara vill vara lycklig, lyssnar gärna till lyckorop men verkar ha stora problem med att urskilja ropen och ha tillit till det öppna samhället.

Jag väljer att avsluta med att travestera Friedrich von Schiller (1759-1805):

Vem vet människors lycka - innan de fått tänka fritt? [34]

Noter

[1] Libris, onr:9876643.

[2] Lévy, Bernard-Henri , *Kriget är här*, Sydsvenskan, Malmö, 2015-11-16.

[3] Zetterstéen, K.V., *Koranen*, Wahlström & Widstrand Stockholm, 1979. För en del av korancitaten har jag använt Sahih International´s engelska översättningar på https://quran.com, som jag jämfört med den svenska versionen. Inte sällan har den svenska översättningen visat sig vara kontextuellt annorlunda än den engelska och jag har därför valt att då olikheter förekommer översätta från den engelska korantexten till svenska, då den engelska versionen rimligtvis är den mest trovärdiga.

[4] Al-Ansari, Abd Al-Hamid, Rotana Khalijiyya TV, 2016-06-03.

[5] http://iheu.org/humanism/what-is-humanism/

[6] http://www.dictionary.com/browse/theocracy. Begreppet teokratisk anti-humanism har det gemensamma med Michel Foucault´s post-strukturalistiska kritik av begreppet humanism, att båda har språket som implementer och identitetsbärare.

[7] Bibel, *1917 års översättning*, Verbum.

[8] polisen.se, *Utsatta områden - sociala risker kollektiv förmåga och oönskade händelser.pdf*

[9] http://www.aftonbladet.se/nyheter/article19374579. ab, 2014-08-16. 2015.

[10] Ekot, Sveriges Radio, 2013-09-03.

[11] http://www.scb.se/sv_/Hitta-statistik/Artiklar/Antalet-asylsokande-okar-for-tredje-aret-i-rad/

[12] Fromkin, David, *A Peace to End All Peace: The Fall of the Ottoman Empire and the Creation of the Modern Middle East*, Holt paperbacks, 1989.

[13] http://koenraadelst.bharatvani.org/books/nega-ind/ch2.htm

[14] https://www.youtube.com/watch?v=g7TAAw3oQvg

[15] http://www.gp.se/nyheter/g%C3%B6teborg/polisen-g%C3%B6teborg-bland-de-st%C3%B6rsta-i-is-rekrytering-1.164427.

[16] Chalamish lecture based on two articles in *Cerebral CORTEX*, Oxford Journals, England, *Dissociating Bottom-Up and Top-Down Mechanisms in the Cortico-Limbic System during Emotion Processing*, 2014-08-27 and *Neurotransmitters and prefrontal cortex-limbic system interactions: implications for plasticity and psychiatric disorders*, 2009-05-28.

[17] https://www.youtube.com watch?v=qY17d4ZhY8M.

[18] https://www.youtube.com/watch?v=g7TAAw3oQvg och http://www.pewforum.org/2013/04/30/the-worlds-muslims-religion-politics-society-overview/

[19] http://luk.se/lagen.htm. Martin Luther bröt mot den katolska kyrkans kanoniska lag 1517.

[20] Fractured Lands: How the Arab World Came Apart, The New York Times, 2016-08-11.

[21] https://en.wikipedia.org/wiki/Sahih_al-Bukhari.

[22] http://lostislamichistory.com/jerusalem-and-umar-ibn-al-khattab/

[23] European Court of Human Rights, "Annual Report 2003", (2004) pp. 5-6.

[24] British Library, *Magna Carta*, http: //www.bl.uk/treasures/magnacarta/translation/mc_trans.html.

[25] Wollstonecraft, Mary, *Försvar för kvinnans rättigheter*, 1792, Kvinnopolitiska nyckeltexter, Studentlitteratur, 1996.

[26] http://www.swedenabroad.com/sv-SE/Ambassader/Riyadh/Handel--service-till-svenska-foretag/Handel-med-Saudiarabien/

[27] http://www.systemicpeace.org/polity/polity4.htm.
[28] al-Alawi, Irfan, http://www.weeklystandard.com/
blogs/wahhabi-internal-contradictions-saudi-arabia-
seeks-wider-gulf-leadership_645231.html, 2012.
[29] Women History, http://womenshistory.about.com/
od/equalrightsamendment/a/equal_rights_amend-
ment_overview.htm, 2012.
[30] http://www.telegraph.co.uk/news/2016/04/06/sex-
offending-is-written-in-dna-of-some-men-oxford-
university-fi/, 2015-04-09.7
[31] Black, J.A., Cunningham, G., Ebeling, J., Flückiger-
Hawker, E., Robson, E., Taylor, J., and Zólyomi, G., *The
Electronic Text Corpus of Sumerian Literature* (http://
etcsl.orinst.ox.ac.uk/), Oxford, 1998–2006.
[32] Kramer, Samuel Noah, *The Sumerians*, University of
Chicago Press, 1971.
[33] Conricus, Richard, *EVOLUTIONENS idéer – en kort
berättelse om varför, när och hur människan (av allt att
döma) tog fel väg"*, numen books, Malmö, 2011-2015.
[34] Travesti på *Vet jag min broder lycklig – innan han fått
tänka?*

Bilder

Omslag Munck, Edward, *"Skriet",* litografi, 1895, fotomon-
tage, Richard Conricus, 2016.
Sid 11 http://www.qatartodayonline.com/the-arab-
spring-revolutions-repercussions-and-the-way-for-
ward/
Sid 20 Baserad på Mellanöstern stamkarta http://
h2oreuse.blogspot.com/2011/03/ne ... -east.html
och http://s1.zetaboards.com/anthroscape/to-
pic/5962678/1/.

[Sid 22] https://commons.wikimedia.org/wiki/
File:Kalifatet_%C3%A5r_750_historisk_karta.jpg.
[Sid 23] https://www.loc.gov/item/95684017.
[Sid 35] Bild från internet utan upphovskälla.